Roger Santiváñez

Nunca el ave vuela implume

Selección y prólogo de Carlos Velásquez Torres Ph.D.

New York, 2018

Nunca el ave vuela implume

ISBN-13: 978-1-940075-63-1
ISBN-10: 1-940075-63-7

Design: © Artepoetica Press.
Cover & Image: © Jhon Aguasaco
Author's photo by: © Roger Santiváñez
Editor in chief: Carlos Velásquez Torres
E-mail: carlos@artepoetica.com
Mail: 38-38 215 Place, Bayside, NY 11361, USA.

Roger Santiváñez

Nunca el ave vuela implume

Selección y Prólogo de Carlos Velásquez Torres Ph.D.

Colección
Rambla de Mar

CONTENIDO

Nunca el ave vuela implume

Acometer el reto de escoger, casi de manera arbitraria, la selección de poemas de un autor prolífico es una tarea difícil y algo temeraria. La presente edición recopila, tan solo, una muestra de la obra poética de Roger Santiváñez a lo largo de varias décadas de producción literaria. Para Artepoética Press es un honor presentar este muestrario de su poesía como abrebocas de posteriores publicaciones. Y esa, precisamente, es la intención de este pequeño volumen; tentar al lector con un abanico de poesía que soplará una brisa, a veces, sutil y otras veces, huracanada, que se plegará sobre sí mismo o se abrirá a las necesidades líricas, vivenciales o simplemente expresivas. Y es que así es la poesía de Roger Santiváñez a la que el lector se enfrentará al introducirse por las páginas de este libro.

El título que lleva esta recopilación es tomado del poema "Yardbird" de Santiváñez, y es para mí una imagen que engloba la poesía de este autor. Su poesía se eleva a diferentes esferas expresivas que van desde el lenguaje de la calle, hasta los momentos delirantes de la alucinación; de la contemplación de la vida a la febril experiencia de la enfermedad mental. Esa ave poética se eleva por necesidad del autor pero no lo hace de manera prosaica; para ello se envuelve en un plumaje abigarrado de palabras que son la herramienta idónea para surcar los más variados vientos. Esta poesía conserva ese rasgo común a lo largo de los años. Esto tiene que ver con la pulsión barroca de nuestra época. La multiplicidad de la realidad, los diferentes mundos que vivimos en un instante, las variadas facetas de la realidad que una única experiencia encarna en determinado momento, precisan que la mirada ejercida sobre ellas posea la flexibilidad y diversidad necesarias para acometer la tarea de asirlos en el poema. Este universo múltiple de nuestra contemporaneidad lo necesita; por tanto, como respuesta a las realidades que se pliegan sobre sí mismas, la poesía de Santiváñez se viste de un ropaje múltiple y nunca se alza implume al vuelo.

La presente recopilación toma prestados poemas de los libros escritos por este Roger desde 1979 hasta nuestros días. Entre ellos podemos mencionar, *Antes de la muerte* (1979), *Homenaje para iniciados* (1984), *Insane Asylum* (1989), *Symbol, Cor Cordium, Lauderdale, Santa María*, de la década de los noventa; y *Eucaristía, Amastris, Labranda, Amaranth, Roberts Pool Crepúsculos, Virtú, Sylva, New Port* y *Asgrad* del presente siglo. Sin más que esperar que el lector se introduzca por estos laberintos poéticos, se sumerja en las marejadas expresivas y se alce en vuelo con la vibrante expresividad de Roger Santiváñez, que se pliegue con la mirada que dobla por las esquinas de Lima y Piura o que se encabalgue en las palabras que se pliegan y despliegan de un verso a otro como el aluvión de su capacidad verbal, abrimos las compuertas para que todo fluya y se alce al vuelo, como la poesía de Santiváñez.

Carlos Velásquez Torres Ph.D.

Del libro *Antes de la muerte* (1979)

LAS PERSIANAS

Nuestros padres vinieron de lejos
atravesaron valles, arenales, sembríos rezumando a caña
limpias praderas de arroz, puentes metálicos
y por fin se establecieron en el desierto más vasto que encontraron
Habían abandonado la metrópoli, el silencio de los dioses
marcharon sobrios y fecundos a la busca de un país,
un lado de la tierra en que las lluvias fueran buenas
Así conocieron la canícula y el polvo de una década
sus noches fueron la brillantez del sueño más hermoso
sobre los débiles focos de una ciudad incipiente

Mis hermanos no eran aún adolescentes
y el lugar duraba lo que una vuelta en bicicleta
sus plazuelas solitarias deshojando tamarindos
viejos algarrobos que sólo conocían las iguanas
barrios impecables y pequeños, familias enteras
tomando el fresco a la puerta de la calle
Oh noches del verano como muchachas de éter
tiempo de lluvias salvajes, oh mi aldea
y recuerdo a la gente apostada sobre el Puente Nuevo
midiendo el terror de una posible inundación
el caudal abrumador del río que enfurecía cada siete años
y los primeros avisos luminosos reflejaban
su eléctrico esplendor sobre las aguas
Pueblo mío, infancia, estadio irresponsable
la belleza de los padres como un dulce manto
protegiendo algún temor, alguna sombra amarga
esa soledad al terminar la vermouth
o al quedarme solo en las aglomeraciones
Oh locura de correr por mis calles, mi adorable geometría
Que creí, adónde ir a buscar un calmante a mi muerte
Adónde ir, papá, mamá, hermanos, dónde.

LA BATALLA

Allí en la calle empedrada, en la Junín
fui testigo de la tierra del Elías
seguro mi cuerpo al lado Ángela
¿Quién grita así como la Ronca?
Críspulo, el viejo Alcantarilla
nombres que pronuncio con amor
y nadie sale a responderme, ni el garage
ni los pavos, ni los pollos
y ese silencio de la noche me sigue
como si el taller de mecánica fuera de carburo
y no me deja soñar, no me deja caminar
no puedo respirar y tengo náuseas
grito entonces Hey, Ramos ya no pinte al duco
por favor, no ve que me duele el corazón
y rasguño este poema como puedo
y Usted está morado, está azul, para negro
y se va y no lo veo esta noche ni ninguna
bajo la ventana en que escondo
este sol que me cae implacable y me destroza
Ahora me limpio el sudor y cojo un pedazo
de masa y me lanzo hasta el fondo del horno de Manolo
quisiera mancharme de harina las espaldas
pero debo contenerme con cantar a la puerta del garage
pero no me río y tengo miedo de no reconocer a nadie.

ESTUDIO DE POESÍA

Una muchacha entre la multitud
es la imagen que guardo de ti
Esta muchacha lanza una pedrada
y en la muñeca lleva una flor

Cae un cartel publicitario

cae la muchacha
y de la flor brota otra flor y otra
vuelve a crecer sobre el polvo
Una lluvia de granadas en el cielo de Lima

Oh dónde estabas tú
que sabías que para cada uno de ellos
había un caballo de la muerte,
una tragedia que mancharía de sangre tu poema

Ahora

aprendiste la dulce manera de morir de los muchachos
tu corazón intranquilamente descoyuntado
la piel que te obliga a espantar el dolor, a suprimirlo
Ah como si acaso tu visión no incendiara
tu estómago después del microbús
que aplasta la belleza y vuelve a recrearla

Porque digo esto ahora, en esta época
y me revuelvo en la cama sin hacer, agachado
para comer, los que sudan con pelo negro tomarán las armas
Yo soy el odio y soy tu odio
y soy tu viento más translúcido. Si tú amas
el asfalto en la podredumbre de sus perros
aviéntalos, limpios y apestando
con aroma que ha de arder entre la noche
y apéstame apéstame

/No habrá más belleza/

Del libro *Homenaje para iniciados* (1984)

CONVERSACIÓN CON MI PADRE EN SU LECHO DE ENFERMO

Ahora tal vez la muerte no sea una bella palabra.
Tus ojos negros me miran, se aferran suavemente
a un hilo de vida, al silencio de tus labios
en el que leo mi nombre pronunciado con amor y
una flecha de soledad disparada al mundo,
a esta hora de la tarde en que me encuentro
solo contigo y comprendo que el oxígeno,
el suero, las agujas rompiendo tus dulces venas
son también los días reunidos
en que paseábamos bajo los algarrobos frente
al Mercado Viejo, una manzana de sol dorando
la belleza de tus gentes/ Piura
Viento de las seis besa el corazón de Aníbal
como él besó la tierra caliente, llámalo
hacia la vida, recuérdale a las muchachas
cuerpo-cántaro de agua fresca, dile que tú
has superado todos los controles del hospital
haciendo el amor a enfermeras irascibles
y que ahora estás acariciando su cabello lacio
aunque él no pueda darse cuenta y duerma dominado
por la fiebre y la diabetes / ¿Cómo habrá pasado
la noche? En este último verso del poema
sé que parto al hospital y voy a reemplazar al viento.

MUCHACHOS ECHADOS EN 2 CAMAS PARALELAS

La jovencita de 14 años duerme al otro lado
de la verja y posa su cuerpo tibio
en la memoria de nuestros remordimientos:
            los ataques de Dios para hundirnos
        —en bandada gigantes helicópteros artillados—
La jovencita
cubre de espaldas con el filo de la falda
la parte resaltante rubicunda de su pose
y por supuesto no sabe que ahora la soñamos
que es un sueño perdido encadenado
a otro más feroz que la sueña sin flores ni
vestidos ni sonrisas
tan sólo con el arma fría de un poema
una daga silenciosa
penetrando lo suave que es la carne
entonces el que escribe
decide que su rara faena ha terminado
y recomienza la historia de la chica
de los muslos puros; sólo que ese
es ya otro sueño
                en el que "vientos huracanados"
como afirman los informes de la TV
levantan la falda de las miles de muchachas
que en los buses se pegan al parante
y dejan que el aire fuerte sea
cálido con ellas y acaricie
no sólo el nylon de las prendas
sino la fresca tersura de las nalgas
            como pasta
                    algo especial
en la oscuridad de nuestras almas.

RIMBAUD EN ABISINIA

En este cuento del amor
yo no sé si habré cantado
yo no sé si mi canción
        será de amor o
soledad o frío de noche
por la noche
Oscuridad de Rimbaud
        en Abisinia
    sin ningún amigo en París
    sin nada sin nadie
    paria como tanto senderista
        puro
        solo
        oskuro
        duro
        pasteleado
        pastelero
        refugio
        rolling
        stone
        Aún
        Vivo

1

Con Jimmy en el 7 1/2
Yo, Roy. Tú, Jimmy
La primera vez que fui. Yo estaba parado en la esquina:
Casa de los Linares. Viernes, después del colegio. Soledad. Pateando
latas. Muchacho varado por la marea de una adolescencia sin nadie. Los años,
los quince años. Un cielo encapotado rojo turbio. Mis sueños de
carey poblando el vacío del aire. Me quería inmiscuir en el viento.
Pronto vendría la noche, oscura como la muerte. Sería un viernes más,
una muerte sin nombre y sin fecha en el firmamento nonsense de la Historia
Leonel Valdiviezo –Pulga– saca la cabeza por encima de la luna que
está terminando de bajar desde el interior del automóvil. Celeste.
Toyota nuevo. La trompa izquierda ha frenado topando levemente uno de
mis muslos cubierto por el blue-jean. La sonrisa de Paco al timón es ostensible.
–¿Vamos al Chongo?– dice Pulga
Con un escalofrío en el estómago subo al asiento posterior del carro.
Erguido sobre el marroquín negro, observo mi nerviosismo en la consola
delantera. Música del tocacintas. Paco –mayor que nosotros–
maneja con soltura. No es como Pulga en el Impala de su viejo. Belair.
Haciendo señas al trailler que se nos viene encima con el carro
atravesado en la pista. Carretera a Sullana. Un día que quisimos ir al
burdel y no pudimos. Masturbación. La fijeza del falo contra el espejo
de una mujer desnuda. Triunfa la calatería. Paco sonríe con sus bigotes
zambos.
Yo: Oye, pero yo todavía no he comido
Pulga y Paco: Acá vas a comer
Yo: ¡Che!
Y acelera sin respetar las leyes del laberinto. Los semáforos de Delfos
envían mensajes para nadie. A esa hora la ciudad se esconde,
comienzan los amores secretos. Se han prendido los verdes
fluorescentes del Km. 7. En la oscuridad del arenal son una promesa
para el pasajero. Camiones desordenados. Los choferes y el chulillo
bajan a echarse un polvo. Acaso un amor fugaz. Farewell. El Toyota se cimbrea
sobre el desvío. Se eleva la tierra del afirmado. Se detiene. A
la intemperie, junto a las columnas rosadas, reposan con la puerta de

la habitación abierta, las doradas prostitutas.
Diana con ensortijada peluca rubia. Sostén y calzón de nylon. Sobre el catre,
levanta el cuello y las nalgas. Pero nada sucede.
Karina, imponente zamba de zapatos blancos. Un bikini de vedette de
boite barata de Lima. Lentejuelas sin brillo, despegadas. Muslos duros
de negra joven todavía, sonrisa fresca. Los pasillos huelen a orines
acumulados. La luz rojiza desvanece el rostro de los putañeros. El
viento limpia la violencia de los corazones. Los taxis hacen cola en el
pequeño patio central. Las losetas en blanco y negro apenas se
perciben; sólo cuando un Datsun desvencijado prende sus faros y
penetra en él alguna prostituta acompañada del caficho. Pulsera de oro.
Lentes ahumados. Afuera ella es madre de familia. Dios no existe.
Los tres caminamos lentamente. Paco juguetea con el llavero. Pulga
con las manos en los bolsillos. Yo, contemplando a una negra riquísima.
Pasan. Pasamos. La negra lleva puesto un bikini a rayas, descolorido.
Playa de Chuyiyache, 1965. Lindaura, pistolera. Maroquera. Falda beige
tubo. Vuelvo a pasar delante de ella. Sonríe. ¿Se habrá dado cuenta que es la
primera vez que vengo? Desaparezco.
Estoy solo. Un viejo con un chicote en la mano camina detrás mío. Me
sigue. Me está tasando. Pero no dice nada. ¿Querrá expulsarme por
menor de edad? Sudo. Es el Diablo.
Lo siento bramar. Tiene los pelos revueltos y huele a cañazo. Su saliva
resbala por la comisura de los labios. Guarda distancia y me mira sin
atreverse a hacer nada.
Paso por última vez. La negra, que ya es sólo el recuerdo de una
infantil arrechura, me besa en el aire, y con su alma de sogas
acariciando el torso de su piel me alejo buscando a mis amigos. Qué
miedo. Ya no están. Volaron a los paraísos equidistantes de la
memoria.
Me abrazo a mi camiseta desteñida en azules concéntricos estallando.
Un nudo en la garganta. Joe Cocker en Woodstock. Cine Variedades.
Carry Snodgress.
Diario de una esposa desesperada. Con Jimmy en el 7 1/2. La primera
vez que caché. Jaime Estrada/Antonio Ruiz, "Morena". 75 soles
peruanos.
2 años después. Coca está en cuclillas al umbral de su cuarto. Lleva un

corto vestido de flores marrones, escotado por detrás y por delante. Chata. Ronca. Carnes algo suaves. Algo tiernas. Leche y transparencia. Sensual. Curvilínea. Acepta mi proposición. Estoy decidido. Ellos piensan que yo ya fui. No saben que es la primera vez, aunque se los he insinuado. Cada quien se pierde en el silencio. La puerta cerrada. Desvístete.
Ella se sorprende cuando le cuento que es la primera vez. Acércate dice, coge el falo dormido, lo corre y aprieta despacio, alumbra con una linterna de otorrinolaringólogo. Otra vez. Ya, sonríe. Su vientre avanza y se estrecha al mío. Hay música. Me abraza y despejando el rostro con un ademán en el que rítmicamente contemplo el vuelo de los cabellos negros. Coca junta su cuerpo al mío y bailamos desnudos el bolero, el rock lento que sale del radio sin saber qué soledades alumbra bajo el cielo de Piura, la ciudad del Deseo.

Del libro *El chico que celebraba con la mirada* (1988)

CHICAS

I

Los alaridos de Jacqui
rompen la quietud del hospital
atraviesan –mismo láser–
la silenciosa madrugada en que
los enfermos duermen.
Ahora vuelve a gritar más fuerte
es ya un aullido de bestia acorralada.
Yo me pregunto porqué
tendrá que sufrir así,
porqué no la dejan libre
en su cautiverio mental,
para que ya no sufra más,
para que encuentre el sol
divino que alumbre la
oscuridad de sus ojos volteados

II

En esta tarde Miryam todo es bello:
Hay un sol como para Harrison.
Ya lo sabíamos la niña pelirroja y
de muslos progresivos era hija de la Coca
¿Y el apellido inglés de dónde lo sacaste?
No sé, quizá fue un vaporino que encalló
en el Llauca. Allí nació Madonna full
cariño y bondad de alma de leche humana.
Pero a ti que me cierras a cada instante
deslizándote entre los muebles y también
los enfermitos, a ti que no me hablas
o que me niegas una simple sonrisa,
a ti te escribo estas líneas desoladas
cuando ya la tarde es sólo un viento

audaz que anhela sacar de raíz
a los algarrobos más viejos/ aquellos
que inspiran secreta música, para
hacerte revivir Miryam.

III

Jacqueline las casuarinas 297
aún resuenan en tu soledad
las tardes rojizas que hieren
nuestros ojos cuando trato de
encontrarte y al final sólo
queda tu belleza aparentemente
páramo por la locura

ARS POETICAE

Yo camino por calles oscuras por calles
psicodélicas por puentes donde alguna
vez uno creyó conjurar su absurdo designio

Cuchita no me ama
no importa ya
me querrá
          y entonces quizá
la soledad sólo sea el recuerdo antiguo
de sus muslos de plata
y la seducción de su sonrisa
el aire que respiro hoy

Bajo tu media sonrisa niñita
nunca crezcas quédate así chiquita
para soñarte cuanto antes

Vuelven los días en casa de Ana Mollet
de quien me enamoré sin saber leer ni escribir
quizá ese fue el motivo por el cual nunca
me dio sino su sonrisa de suiza y callados ojos

Señorita de ajados pliegues en el corazón
sigue llorando la tristeza de tus malas grabaciones

Me fui a las guaringas
a destruir el hechizo.

FINAL

Ahora hay un loco que camina por el hospital.
No lo conozco. Parece demasiado ario. Busca
cigarros ¿Cuál será su síndrome?
me pregunto, en el instante en que
lo he sentido deambular tap tap tap
sólo con medias y sujetándose la ropa
con la mano. No se sabe nada de él.
Pero quizá no sea tan salvaje
como lo pintan, quizá sólo padece
una depresión subpsicótica
& entonces habría que abrazarlo/

                    mismo brothers in arms.

SOLEDAD

Cuéntame un cuento, Mini, como
El dulce olor de tus ingles.
TV distrae pavimento (
Exigías una palabra que
Se demorara en aceptarte

Toda la patota te amaba
Mas no supo expresártelo
Sólo fue el dichoso afán
"La luz armada" , la oscura curva
De tu falda en las piernas,
Paradas como un pincho-bandeira:
33 diga 33 y ella sólo existía,
Detenida en la puerta del baño
De hombres, con su perra pituca
Negra rubieza aviesa a campo traviesa
& curiosa
          A despecho de tu inocencia
(Tu búsqueda desesperada de Amor)
Era el síntoma de estos versos
Que no se parecían a nada,
Sino a lo que tú poseías
En tus muslos redorados,
Tocados por el verano-sol y
El fluorescente de tu expuesto
Resplandor, blindado pero no ciego

Creación Combo. ?? ZZ /
Las negras hablan en la encru-
cijada: ¿Dónde queda Lima?

Te vas sola, es la recomposición
Del Yo, en la suma de experiencias
Interpretativas / Destrúyete Momento
Existe /

Del libro *Symbol* (1991)

GUERRA

La Poesía es un texto contra el Mundo
Demasié asaltó el cielo. Encuentro. Verdad. Fusión
"Oye, qué estás hablando" y allí fue donde citó
Esa rara relación relativa einsteniana entre poetas y militares

Se recuperó tu lindísimo cuerpo sólo escuchando la música
De las paleteadas más arrechas en el íntimo del reverso
De tus calzones, hábilmente quitados con la furia de la mujer
Alejada en la nitidez del clip que he grabado para tu paja

Porque un hombre solitario es también un hombre
Y si redacta internos documentos aprende otra experiencia
Quizá la del amor a golpes de muchacha con manos de greda
En escándalo callejero cantando con tu perra voz

Dorada en el reflejo del vaso de cerveza y tu histeria
Qué hacías buscando guerra un sábado por la noche
Mientras el rioba se desbordaba desgranándose
Y las muchachas descifraban su música tristísima

Tú –una de ellas– pura imaginación radio curie
Que te limpió ese día de toda tu amargura y eso
Deberías agradecérselo al Señor (en su negro precipicio
De dolor) y tu eléctrico soto, urbano en short color de tu nombre

Hagas lo que hagas, perdóname con tu plisada caída
Que era de la abuela, quien te quiso no más que mi
Alma encadenada a tus axilas de vampira peruana
En el rímac ausculten sus designios religiosos

Esta es una arquitectura simple como tu lenguaje
¿Qué es la guerra? preguntaste ¿Siempre no hemos estado
En es? ¿En qué, ah? Decía como acariciándose el rompeolas
En el que magnificó sus días y escondió su inocencia.

DELIRIO

Suena la puerta de Euxebia si bastara con el nombre
Qué lindo sería dijo y su bocota no contemplaba
Sino el deseo de saber de conocer otra feliz igualdad
De caracteres diseminados como amantes entristecidos

Por la falta de espacios donde la distancia se desplazara
En círculos suavena el diablo es tu animal vital
Confite de callejuela montero con mabel la del veinte
Y su raya cleopatra cabeza de casco y boca de toulusse-lautrec

Habiendo recordado la orden del sol de tu luna de paleta
Urbanera distinguida por no se qué cómputo de olmo
Violando tu himen de papel olvidado como una fiesta
Que acaso nunca existió sólo fue la mordedura de la

Bestia sagrada brassiere de seda lúbrica echando agua
Por las santas huevas contra el frío pavimento
Tan sólo por lucirte era tu lindura más pura y más puta
Te arreglabas para hacerlo mejor te pintabas de rojo el culo

O eras la coleccionista de ese film que no te gustó
Y sin embargo recordaste en homenaje al día inesperado
Hablaban de la guerra como de una sucia palabra
Pero al doblar la vuelta de tus cartas te sorprendes

De tu tinta en soledad lo que brota espontáneamente grama
Junto a tus multa gracilis te puer in rosa expulsses
Decía —por no asistir a reuniones que ellos convocan
¿Pero acaso no tienes la debida información

Acerca de los movimientos no dichos?
Sólo el gruñido de los gatos ataca la ternura de la noche
¿Y en qué plano ensayabas tu disciplina radical?

En el ritmo y todo por una santa no se puede
Avanza virgilio te pasó el yara yara compare
La nota brava de matar en el mapa inexistente
Iba dejando una sucursal del cielo y el infierno.

RISA

Fresca te abriste el faldón izquierdo para darme
Tu iluminada soledad saludando al lumpen
Luego ya no lo vas a querer pero en el hueco
De ti misma te ríes con tu rojísima boca abierta

Caía el semen y te adornaba las cejas te depilaba
El delicia delicioso de tu modelo nocturno
Abría tu Tampu-tokto de par en par y parías
El nuevo ser soñado por los clásicos

Tu fibra blanca vibraba silenciosamente
Gustabas guarapear con título de noble
El gato te nombró desde pequeña y te azulaste
Rosada hada madrina de todos los deseos

Si algo te alegra corre ve y dile no le digas nada
Mejor suéltale una frase en su idioma guardado
Va a mirar por la ventana con persiana peruana
Y deja su copa de plástico en la cumbre de su sueño

El padre observa controla su soledad
Pero ella sabe cómo hacerlo y me reclama su gracia
La luz será apagada en penumbra y tu flota feliz
Surcará mis mares callejeros donde reina la frialdad

Una sola vez se ama y para siempre Rosa roja
Como la concha de mi madre / No me abandonarás
No te alejarás porque ya has encarnado semillasiembra
Hembra pura de los ojos arriba el corazón dilecto

En vano como tu jugo derramado en el sacromonte
De venus para el raya que no es quien realmente te raya
Sino tu propia sombra arrecha que es tu poeta
Salgo a ver tu silueta escondida en tu sola luz

No se ve nada además tú quieres sorprenderme
Y ver cómo reacciono pero ya sabes que tú con tu rosísima
Flor provocativa se pronuncia en tu sólido lenguaje
La verdad que reniega en tu pukto calzón de corazón rojo.

2

Esta es la historia de un hombre solo
Cuyo oficio es la Poesía. Busca entonces
Alguien de corazón sin razón más clara

Luz Ariadna desenrolló el ovillo
Con su alegre fe, con su pura
Inocencia sentida tal la hermosura de mi madre

Una hermosura que a ella dedicaré
Por salvarme la vida con sus golpes
Tan suaves yo sé pero no hablaré

Sino cantaré y canto con el don del Señor
En su morada enamorada monje
De sí mismo narciso que no miró el espejo

En el fondo de la Poesía la Virgen ya
Estaba por aparecer en Cova de Iría
Pero prefirió el plan de los niños santos

No fue a Ninguna Parte, sólo César
Comprendió que Poesía es efecto de la causa
Del que fue su causa hasta que brotó la

SANGRE

Del libro *Cor Cordium* (1995)

4

Oh Virgen no quieres ni que te cante
Sino sólo hasta hacerme oír el secreto
del uater acercándote al cuartito

De la Anunciación, mas tu surgimiento
Tu apariencia iluminada es la
Coronada cúpula dorada que comprende la Poesía

A pesar del sufrimiento ha de llegar
El instante de Fátima, o sea la preparación
Del Estado de Gracia cor cordium que ardió contigo

Fátima se bajó el calzón y yo santo varón
Atiné solamente a meterle la cara
Y el recuerdo de su sexo gordito
Pleno de orines niños es lo que
Hasta hoy conduce mi poesía

Porque el Señor firma sus obras
Con letra de primarioso, pero
Poseedora de la Belleza virginal

DE LA QUE
HABLA EL
POEMA

11

Se fue la luz y ya no llamarás
Sino al Arzobispo para que le acaricie
La lucrecia nada más al prelado

Con tus manos de cera del Pino
La que le puso el Doctor Vent a la
Doña que gobierna la vía de San Miguel

Y lo calma como el amor de la Virgen Rosa
Santo cielo es cachada por el ano
Condenada Musa te gustaba
Hacerlo delante mío por complacerme
Y comparecerte a mi madre

Dame a luz para yo a mi
Vez hacerte dar a luz
Pero ¿cuál es la Poesía?

Apuntó casi por no comprometerse
La soledad en la belleza

Lo triste y el estado de gracia
No son la pureza que
La madre —en esencia bondadosa—
inculcó a su Virgen amiga

ALLÍ FUE EL MILAGRO

Del libro *Lauderdale* (1999)

LAUDERDALE

A Mabel

1

Lauderdale. Es lindo este lugar.
Me placen los parques del barrio obrero.
Ver a las camaradas repartiendo volantes
para la marcha contra el presidente
y contra el alcalde. También descubro
mi extraña soledad. Mi oscuro no hacer
nada. Esta canción de rebeldía,
leída más allá de los árboles y del
policeman dirigiendo el tránsito
desde su caseta en medio de la
encrucijada. Los tejados tipo england
dejan una alfombra para los pájaros
marrones posados como un don del
Señor. Lauderdale mi barrio favorito.

2

Música hermosamente tocada olorosa
portio domine fruta desprovista de inhibición
rocío gota a gota que nunca nos agota
fucsia que preparo para amar noise
oratorio creado en el silencio de la noche
solitaria espacio sacro diseñado por la caricia
envuelta privilegio de esta canción.

3

Pozo, este es el pozo déjame mirarte y
acariciar tu terminal fino me gusta son
risa arrodillada rezo la oración de tu sexo caliente.

Karl Marx aromaba sobre techos de Sur América
dijo por decir su corazonada presagio de la
mayor finitud histeria colectiva Joe Cocker.

Poesía me buscas en tu vulva válvula variada
de la floración rosa eclesial nunca hollada quizá
perdida en la fácil rumorosa leve penetración te haré.

Mi niña fotografiada ahora que rememoro
tu puntual deseo de todos modos eres tú aunque no
quieras o sí quieres querer queriendo quererme

Como yo te quiero esta noche de ti brotada
fuente de soda del parque japonés
plenitud de vida a la palabra que aprendo

De tu botánica descendida calma pura
crecida pluma más bella artificial pero bella
ave arenal del paraíso que eres tú

Con dios kon las piernas abiertas
tiksi viracocha in Magdalena swing revuelta
al viento de la carretela trocada en los banjos

Dispuestos por tu deliciosa compañía
xilofón girondo espejo admiral soledad
contigo convertida al catolicismo de tu perfecta

4

Apariencia de monja del claustro de mi verso
sagrado rosario mostrábale divina indiferencia
lena de la melena de tu león posóse en el mar
veritae profundis beatus vir quie non setit
in cinema fluxus soñar esa perfección es afán

del oro conquistado sperma logos enhiesto
prefiero silencio sonido en voz desnuda
y recita la canción nuevamente fresca más celeste
que la neblina acompañando los versos
que para ti compuse en posición de

5

Camino perfumado cueva que mi lengua hace sacra
mento que arrodillo para conocer su ser imbuido
de tu melancolía poéticamente húmeda y nueva
tal si fuera la iluminación de adviento perfecto
única unidad sexual en tu nombre forjado sin
mácula sino imaginaria predilección de tu cuerpo
alcanzado a la diestra del Señor carne curvada
tiempo reunido a los corazones de tu divinidad
eres la travesura mejor soñada por amorcillos
volando alrededor del pubis método de mi canción

6

La soledad de esta prohibida manzana
puesta por tu cariño en el cielo de la
lenta creación de tus purísimas palabras
estrella rezada en el orat místico
bésame con tu alegre pasión mojada oh toco
la flor cuyos pétalos acarician la paz celestial
calma zona lame la piel de tus labios dormidos
recordados prufundis paradito clitoris amoroso
augusto poder verte en la cima de azur

7

Luz devuelta por el reflejo de la luna en el mar
de estos versos recibidos por un don siempre divino
suavemente placentero gruta en que la sirena
se enamoró de una cúpula resulta de aquella canción

inmóvil en el frontispice ingrávido decoro seminal
shell en suma descendida perfecta storia que resuena
en el corazón rezado como oratio dominus virginalis
pudibundus exordio brotado de un designio del Señor
esta poesía por ti plasmada en el aire de tu placenta
inviolada intimidad hallada por sanctis destinae con
tu égida ancestral panorama su amorosa palabra
así desplaza su corazón enamorado por coelis mundi

8

Corriente azúcar despacio hembrichi sándalo demudado
frescor lamido como club sandwich boca que en mi
boca nunca se equivoca visión de araña y privilegiado
afán de penetrar esta definida paraísa isla soleada olfato
imposible de mi deidad en forma de pescado cuya desnudez
plateada es ópalo de mi plenitud rajada pastor resumido
en el desierto de tu química infinita ad revolution broken heart
distinguido sabor a verano anciano viajando por las orillas

9

Al compás de la procesión de la Virgen de Chapi
hemos ido llegando a los dos frentes de ella son
suaves como el musgo protege primero los labios divinos
más al fondo los labios de adentro corona
boquita de molusco rosario de la extraña expresión
ezrahíta arriba soy la airón que puedo
recitativo lago rosado si introduzco mi meñique
elástica la onda curva incuba ahora arrodillada
crystal de la noche fresco aroma perfumando la soledad
escribo tu rico en posición de buceo desde la escafandra
de tu cintura llega a tu cadera stella de la luz del mar
besando la costa de aquella playa redorada que
tú sabes redimir santo río seminal guardado
dos días de soledad para ti esta canción

10

En el atardecer crepuscular amarre
para su signore siga el verso que
pueda conmorverlo no azore el azur azorado
o achorado en qué esquina tuve que enseñarte
violencia tan extraña que no tenía porqué conocer
pero ya está en la society prosigue mi paranoia
envuelta en celofán o carey that is the question dijo
un loco por mi casa su inocencia era sólo comparable
a la mía farrow de San Juan por amor a los ancestros
oratio nobis in the cinema beatnick Anik Berkin
toma sol truinfa la calatería qué es poesía

11

Domine especiale etérea espuma noche
llena de la gracia del Señor queda clara
la composición de los astros fugaces
impenetrables como indómito forcejeo
de tu sol veo el ritmo desnudo empinado
por su dulce requerimiento espíritu que en
el jardín interior de tu corazón retocado
pudo armar tu extraña paráfrasis resuelta
a bajarme la tela inmóvil inocencia bella
como ella escribiendo las palabras que
declaro por la invención del Señor

12

Levantado tu curvo e histérico sacro
encarnas en mi buceo innombrable
beso nuestro eclesiástico arrodillada
el candor surtido de mi amorosa canción
sexual hallazgo de mi cielo aroma enhebrado
a la formidable tristeza inseparable que fulguró

tu absorta brillante espalda cántaro sonido
lento como la parábola en el claustro

13

Postura abierta ora pro nobis
gusta de mirar el mar sagrado
brota de tu canción de brisa
muestra en el twilight la creación
diva de tu diván exquisito
diestro marino al recordar
revuelto amor como saltado
en la esquina más dulce de la ciudad
olvidar los días en que la sombra
diseñaba el resplandor enmudecido
de la prez intocada niña junto a mí

(*Hueso Húmero* Nº 35. Lima, diciembre de 1999)

Del libro *Santa María* (2001)

KILOWATT / PASE A LA GLORIA

Los muchachos preguntan por ti en la avenida.
Ahora que sólo eres esa voz en el casset
                    eras la sonrisa
en los parques & en las noches el
misterio de tu soledad joven &
la rebeldía en tus blue-jeans
perdidos como la canción más
hermosa del viento en los barrios
& callejones & plazas italias &
Tawantinsuyus en rock bajo
la inspiración de tu fina figura
de bailarín o diablillo fugaz
del amanecer en la neblina
de la mala-noche /amanecida/
deboleto en que tú sacabas fuerzas
increíbles & resucitabas
en bares donde aún se ignora
la felicidad: un ave azul lindando
con el smog de Lima & su espuma en
el mar / estas palabras
en vez de llorar, broder.

(a 20 días de la muerte de Kilowatt
–el legendario Edgard Barraza– con quien tanto quisimos)

TWLIGHT

El perpetuo movimiento de las ramas
al caer del crepúsculo en el viento
los muros de este patio delantero
los cables de alta tensión y
unas flores celestes como el cielo

Desconozco el nombre de esas bellas
fragantes inspiradoras de urbana poesía
diluyéndose hacia el color de la noche
a esta ambigua hora intermedia
en que el sol ya se fue pero
la luna no se refleja todavía

Un fuerte remezón del aire en los ramajes.
Entreluces las hojas vuélvense oscuras.
Un matiz indescifrable suspende todo
lo que existe y es extraño el brillo
inmóvil de la eléctrica experiencia

A escasos segundos de la nocturnidad
la nostalgia es mi único refugio.
Qué duda cabe: diariamente me
siento en este patio refrescante
y en su noble material estampo
las imágenes de este poema por ejemplo.

LAS COSAS

Cuando pasa el botellero gritando
por los objetos que recoge, yo
vengo a sentarme en el garage.
Desde allí imagino el fuego en
la plancha de carbón de antaño.
Era bonita en la antesala
de la puerta del postigo
¿En qué tarde como ésta
fue a perderse en el olvido?
Las cosas de mi madre, budas,
elefantes, y el aroma del jazmín.
Su espíritu reina todavía
entre los muebles de esta casa
y es su música Regresa, Only you
un éxtasis del viento en su jardín.

DIABLA GARCÍA

La chica más linda. No puedo recordar su nombre pero sí su uniforme del Lourdes, azul profundo y la insignia dorada, igual a su pelo adolescente. Belleza de una muchacha a los quince años, al costado de mi casa. Contemplarla subiendo al ómnibus de su colegio, guardar cada una de sus frases -piezas de oro- en el fulgor de un atardecer en los vidrios de Santa Isabel. Vivía ella en su reino de pureza e inocencia, antes de la Reforma Agraria. Reinaba con la suave delicadeza de quien se sabe perfecta. En malla negra -a la vera del jardín- despachaba a sus pretendientes, jóvenes audaces con los ojos verdes. Hubo sábados de rock y muchachos convertidos en Jim Morrison para ella. Recuerdo a Gonzalo Higueras deslumbrando con una blanca guitarra eléctrica, la noche más bacán de la última primavera. La ola instantánea de la Reforma clausuró ese paraíso. Sentí la pena en el corazón de mi vecina. Su hermosura inasible -ansiedad de los conquistadores- marchó a la Argentina. Piura perdió su prístina tersura intocada. Yo era un niño todavía/todavía la recuerdo: coqueta y esquiva. No se la agarró nadie.

Del Libro *Eucaristía* (2004)

SAJONIA

1

Sajonia me busca intensa / débil
          como las plumas de Adán
a quien vi desnudo en las cimerias torres de alabastro

No conozco a su padre ni a su madre
sólo sé que viven aplazados en la desunión de entreríos
férvidos procaces emolientes azúcares limeños

No me gusta la palabra ennegrecida
tampoco los rieles de la pátina invisible
donde reinan –infelices– los moros destruidos

los bacanes / los templados fugaces adoradores
del estío. Allí en barcas insurrectas veo
a Nívea / recordando sus placers pervertidos

ninguno es como el nuestro
ninguno cabe en el corazón
        se derrite el detritus por mórbidas muñecas
en biscuít desaliñadas
                      en Sajonia aún no existo

Soy el carmen que canta en el canto del chilalo
soy el ascua de mi sombra desfilando
directo al camposanto

                    Es de noche en la mansión
y el despropósito cunde cual manzanas
por Newton envueltas en granadas

2

Mi canción es triste por el viento de esta hora
en que escucho la porfía de Míriam
por irse a los United. Ya no hay pasto

ya no hay guerra ya no sumo ni
resto los cadáveres. Hoy me vuelvo
a sonreír en los espejos de mi madre

Voy por los caminos seguramente fútbol
desprovisto de linternas, de rigurosos esfínteres
cerrados. Abarco la pasión de Cristo
en los poblados de Sajonia, ella no
habla ni ríe ni se persigna como yo
ante los altos altares consagrados

                                   Es atea

es igual a las costas del ebúrneo / inclina
párvulos por si vienen a besar sus albos ataúdes

Es mi tranca y ya no paso.
Mi deseo se troca en agravante
el pulcro rin de la mañana.

Ahora acepto la maravilla de cartón
no hay problema / sí me gusta
                              sí me quieres perdida
redorada magnitud de mi persona

3

Doy luz verde a los fastos del relieve

Aquí es el tono de la franca indiferencia
aquí la pista en que Juan murió atropellado

más canchita exigieron los designios
duraderos –más paltas– más queridas

ni una pus
                ni un periplo
                                envíame

tu talla sobretodo tus menjurges

que los días son ligas invisibles
que los días

LÚDICA

Oh santa rósel in my heart
You are my pendejita azul
Eres la arrodillada virgen li

Mensi in santuario fresh
Me brotas líquido profético
Lux behavior humana

Mente hazme en domingo
Tu homenaje sacramentado
Reliquia de la custodia

En el sagrario lames mis
Waynos escrotos reynos
Edén pastoreado por the

Inspiración de su dulce
Soledad por ella sólo
Rompida en la noche

De Lima canción que
Supo recoger en su
Nueva salida de verano

Del libro *Amastris* (2007)

LA INSOLACIÓN INTERIOR

> *Ear, ear for the sea-surge;*
> Pound

1

Olas olas enfermas seductoras
 Nieve novísima en revoltijo
Fugaz cercanía burbujeante en mí
Solar aparición in tenso tambor
De corazón tan tierno curvas
Adecuadas a la luz de tu delicia
La más bonita azul inhóspita
Bajamar ahora verde en los destellos
Dorados de su extraña canción
Esa es la pregunta que me haces
Antiguo jovencito de ruidosas formas
Patas aguadas sal de mi oración

2

Volvió súbitamente la calor
Hay una luz tan pura tan solar
como la rubia risa del aire
Sobre esta húmeda arena nada
En los cristales ahumados sin
Mondongo truzitas pasan con
Su discreto marino ritmo
Esto no es lo que ha de interesar
Te estoy mojando ahora en
Una caricia nibelunga sos
Vos me arrulla la fresca re
Fréscame este infierno interior

3

Ondas periódicas izan me
Levemente inside y aquí la
Sombra de una gaviota zass
Is un vuelo incaico in the
Atlántico norte not yet
& entonces qué es?
Silueta de conchita on the beach
Cueva de algún crab haciendo
Crack en la sopa del crepúsculo
And she said chicken tacos
This is the best time comadritas
Redoble de oleaje junto al muelle

YARDBIRD

Nunca el ave vuela implume
Muchacha intocable e invisible
Sutil voló sobre el río
Inagotable fuente del vacío
Palo santo apologize blanco
Se esfumó en el viento
Moño levantado imposible
A lo lejos lejana reunión
He soñado quise soñar
Quiebra sauce tu pecado
cielo versos de un loco
Sonrisa dentro de los ojos
Mas allá del corazón solo
Tendré rosado recuerdo

LABRANDA

tu flor, temblando, te olí
Juan Ramón Jiménez

1

Primer encuentro milagro devuelto
En tu boca despertada supo el sol
Ocultarse en la brisa blusa de uva

Talle de rosa firme en lo cenizo
De tu piel papel escrito & retocado
Reventazón de mástil bajo toalla

Así se alzó tu mano en el
Antiguo confite antes del baño
Espalda intacta destrenzada

La siesta suspendida por doquiera
Su chisguete se dispara curvilínea
Adormida la paloma más secreta

Conducta del cielo bajada en
El repliegue de torso & muslo
Acerca a Dios ceñida diosa

& en un canto de espumas
Mares blancos que se tejen al
Solaz de tu inocencia adivinada
2

Ganada la mañana no suave a tarde
Ser vacío de tu pensada piel a
ceras santas escribanas fuimos

Enigma aliento ténue descubre
Blue-jean durante dulce dócil
Mente quitado holandas tersas

Ya no habrá la flama en fusión
Que vio la ave más rara del
Amor su corta nube misteriosa

Ni un mate de noche serenada
En la salva marina de tu concha
Ocaso casi al borde de mi tumba

Tus aureolas paradas que
cantares advienen al poema
Luces férvida anudada in

Quieta parecían rosales firmes
Labranda sin prisa adorada
cuota dada en sacra romería

3

Pelo negro sobre tus hombros blancos
Anochece sobre nosotros abrazados
 Difumínase el día en la bóveda santa

Entreluces luces rosada rosa lozana
A la luz del crepúsculo crecen tus crespos
Ocultos en la seda angelical

Un silbo del aire se aproxima luna
Sobre el cielo de Lima brilla & rebrilla
Nimbo plateado bañando tu cabellera

En la quietud curvada ancestral
Retama viva & nocturnal surgiendo
En la penumbra recogida en tu regazo

Esplendor de tu espalda esbelta &
Recostada brote en la fuente verdi
Dorada adherida al bordado carmesí

4

Volvió su corazón al mío
Aire & respiro dióme su flor
Fragancia gozosa apasionada

Altura de ola sutra & rezo
confiere la figura del alisio
Perdita nel oscuro & el dorado

Retornas sur los sures
Soñados leche azur zurita
Azul solita en tu blue-jean

Perdura deseosa fresca la
Matina alcanzada en su
Pantalla otra vez leída

Misiva alada in verso afán
Do huye la noche desolatrix
Serenado mar flotante renacido

2. RIMAC'S LUMPEN

Confortada plurabelle vente viento enhorabuena
Siena asiática del ático onde vendía Tico-tico
Desengrases nocturnos palatales consecuentes
Se paltearon los bribones al final de la mentida

Días divorciados dosajes en los gajes del oficio
Acaricio tercipelo a pesar de tu dorado medio
Pelo las cáscaras del maldito cascarita aunque
Me atraque a puro pulso cada madrugada

Cielo oscuro cúrame el dolor de amor
Bruñida moneda no es ñanga en el ñeque
Morador del escapado patuleco cual gallina
Culeca caldo & cebollita china bajo toldo abrigador

Del libro *Amaranth* (2010)

3. SAINT PETER'S BEACH, WAKE UP

Amanece el frescor en la playa húmeda
Rito acuático tempranito solloza frágil la
Jerga líquida espumosa huyendo instantánea

Tatuaje transparente sobre borde concéntrico
Burbujas impalpables desaparecidas chupadas
Por el hueco del cangrejo rojo & bebito no

Más verdor en el montículo onde me siento
A delinear los flamencos bailarines a lo lejos
Mejor recojo conchas milenarias quebradas con

El tacto empujo la balsa ante obstinada
Ola impaciente e indeciso sol reposando aún
El fragor de una luna enloquecida pez

Diminuto que vara el estero órbita quieta
Sin mejillas sonrosadas árida planicie
Enmudece mi canción cual nube bañadita

Imposible en el tormento adolescente rozado
Mentalmente por angélicas ternuras femeninas
Vislumbre del gusto acrisolado desértico

Un derroche de belleza a dicha hora
Albur volado en la olvidada pluma
Que se encuentra perdida & muerta

Sur la arena

4. ESTUDIO DE UNOS LABIOS

Gaviota horizontal a lo Man Ray
Tenían vida sola su propio
Sino eran de luz sobre la noche

De mesa agitan hoy mi poesía
caramel creando un divino ritmo
Temprana avemaría revolotea

En su forma recordada & es
Máquina blanda de tus frases
Humorosas cual estreno en

Pincelada frágil fragante frati
Cida no nostalgia que palpita
& pita cerrada hasta los

Aros aromados o es el carmesí
Que no me alcanzará & eso
Me entristece centro de tu rostro

Enmielada tentación o tersura
Que no toco pero puedo estar
Preso original virgen virginal

Una especie de saludo oprime
El pecho solitario humedecido
En esa fresa medida del poema

Medita suspiro estación des
Hecha hay algo bello & desolado
En cantar la visión de dos horas

   Para siempre grabadas

Del libro *Roberts pool crepúsculos* (2011)

COOPER RIVER PARK

& el destello del brillo del río
Contemplo inmóvil en la verde orilla
Suavísimo repliegue acuático mi

Niatura dibujada por la diosa in
Visible oculta tras la fronda ce
Leste que a la bóveda se funde

En mi dolor terrestre como la
Nube majestuosa desaparecida
Recién al formarse & ser deli

Cuescente presencia frágil nada
En la silente extensión flotante
O suspenso suspiro de incomprendida

Rosa

SEA ISLE

Remolinos rubios sobre estallido insomne
Escalas albas grecas salpicando la
Silueta de un amor ajeno recordándote

Robo del sol es la belleza de una niña
Feliz saltando entre la espuma fiel
A su lindura mojada con órfica sinrazón

Ahí viene azul en sus pasos preciosos
Curvas núbiles a un ritmo esculpido
Por los dioses infinitos formando su

Inocencia frente al poema que solo aspira
A retratarla invicta jugando con la
        Arena húmeda & las conchitas recogidas

        Por el océano a sus pies

3. HIPOKRENE

Repisas acuosas una tras otra surcos cobalto
Alfombras de espuma sucesivas brinca barroca in
Vasión atropellándose deglusión ouróbórea máquina

Montubia albo impecable avanza & se resaca en
Ondular insomne su voz forjada al viento se re
Tuerce & superpone en infinita & alocada melódica

Rítmica reiterativa indescifrable rumores redi
Vivos redoble de tres tiempos helados en la ele
Vación que rápidamente se deshace renaciendo

Estruendo rock otra vez inusitada suavidad
Al llegar a su final despliega brevísimo silencio
De nuevo atravesando superpuesto recomienzo es

    Cuchar nunca va a acabar

III
ROMA

1

El silencioso incienso de su aroma
Es maroma aromada a la manera
En que Amor se calza zapato de cristal

Mientras amorcillos cazan corazones
En la bóveda vedada brilla la luz
Estás echada bien cachada a tu solaz

Horas horadadas en el solitario frío
Que con dulzura se aposenta & junta
Los cuerpos deliciosos chilly chilla

Amor en la línea curva de su espejo
Se mira se adora se perfora el anillo
Solar rumor inverso del pubis apretado

2

El cielo de ti misma apareció
Constelado en claraboya azur de sur
Prismáticos pezones dibujaban con

Céntricos rebordes retoques suspendidos
Encima de Minos gustaban los cupidos
Cromáticos volando en el anteparaíso

Pleno fugaz huía el día hacia la
Pura poesía de tu nocturno sudor ver
Ano cuya suave carne se abría

Con el moño recogido solo tú eras

Diosa que se posa en cuatro & vol
Tea la cabeza en dos tiempos succionada

3

Una flor se escapó de tu nombre
A medianoche el humo fue impregnado
Requisito exquisito de tu pelo

Primera parada antes de volver al
Area clara donde ungido al crepús
Culo adorado bebí la luz dorada

Jardín de adentro te alcé del talle
Terso algodón de tu calzón talló
El berrueco pliegue de los bobos

De mi bobo empotrado en la
Hornacina hacinada en el Santuario
En que Amor perdió por siempre la razón

4

Triángulo sobre piel blanca en contraste
Frente a mi soledad feliz aquel instante
De belleza ingrávidazul zumo celestial

Cedida al deseo respira tu aliento sobre el
Tiempo que aspira a tenerte para siempre
Disfrutando del más dulce imaginado

Resplandor un ansia que se esparce
En el aire inicial solaz de mi falo entre
Tus labios casi sin tocarlo sosiego in

Descriptible tu voz en mi oído transpor
Tada a la púber afternoon de tu tibieza
Aún en el verano ochentaidos & el short

Granate o turquesa brindados por la virgen
De Lima a la divina & secreta relación
Por ella protegida como sílabas de una

Cábula insólita imposible de olvidar
A la manera en que escucho tu joven
Canción cada instante renovada por el

Hálito del oleaje & sus tumbos inmortales
Arribando a lo lejos cordilleras ancestrales
De nuestro santo apellido que flota mudo

    En el más raro paraíso

5

Porque si hay una canción yo la
Escucho callado con las ondas
Magnánimas acuáticas del corazón

Donde moran los dioses ocultos su
Mergidos en la mayólica celeste a
Ratos lucinda por el sol esposo de

La luna o supremo Señor do Natura
Exhibe su terrible biquini de Amor
Consagrado al deseo que es un vi

Ento suave en la oquedad deste paraíso
Desnudo como un atardecer bañado
Por la inmovilidad de los árboles

Atrapados en el espacio incontemplado
Pero templado de ti toda mi vida
Entonces escondo mi linaje de nube

O me tiendo sobre la yerba perfecta
A soñar con la luminosidad extinta
Que sin embargo pinta de azul la

Noche aproximándose recóndita ha
Cerse un día de nuevo otra vez cin
Cel de la bajada en trineo por la

Dulce ondina andina

2 [HAMADRÍADES]

Cardenales dispersos sobre el pasto
Saltan solitos hacia el verde oscuro
Ramas romanas rumorean rígidas

Erguido vergel delicadeza de pistilos
Alberga espíritu del bosque vallas
Inclinadas gnomos invisibles & el agua

Burbujeante percibe ritos montaraces
Finos foliolos se refrescan exquisitos
& las gotas resbalan terza rima

Manzanilla besada por la flor de
Un día axilas rotas flotan cubriendo
El débil vaivén ondulado frente a

Tierra con el estanque lleno en el
Olor a floresta humedecida troncos
Quebrados declive panorámico en

Que parpadea la añoranza de las
Horas sin regreso muévese la mar
Tranquila todavía no hay destellos

Ahora sí ya llegó Sun King con luz
Dorada en el planeo incesante del
Pájaro-campana o sea se acabó

El poema

Del libro *Sylva* (2015)

9 [SANDY]

El río está puro tras el paso salvaje de
Sandy la humedad gruesa de la tierra

 Ha sido el lecho de las aguas desbordadas
Mas el bordado de las hojas autumnales
Son fractales sarduyanas a la luz de

La mañana un jovencito sol dora la
Orilla de enfrente aún frondosa & claro
Verde claridad sorpresiva nitidez

De la corriente nuevas fronteras
 Ichu gringo en las márgenes del pantano
Arbustos trasnochados mochos en Moche

& en el cielo paralelas de nube cruzan
El lodo seco revuelto con palos astillados
Empieza el invierno quizá distinto modo

De abrevar los aires del silencio

4 [EN EL DÍA QUE MURIÓ ANTONIO CISNEROS. [HOMENAJE]

Agua empozada reflexión de las copas
Sobre el espejo vibrante todavía luces
En la orilla del frente el canto remanente

De la grillada una gota de lluvia cae
En mi poema pero no lo borra sino dulcifica
Su son amanecido manecillas del divino

Reloj ahora en el apetecido balbuceo
La paz de las aguas elevándose aunque
Alguna de sus ramas ya carecen del verde

Resonar sigue resonando el viento de esta
Mañana eterna en arcadia marginal
Allí donde Butter & yo disfrutamos la

Intima soledad de los parques mientras
Cae la hojarasca por millares & en los
Mares rubicundos muere una esperanza

Mas aún puede la canción especular sobre
La luz dorada persistiendo entre la sombra
Quieta de los árboles congénitos a la ilusión

Recóndita nuevamente afecto sauces inclinados
En la orilla por el viento voceo de las ninfas
Que aspiran a seguir aunque el césped cada

    Vez se cubra más por las caídas hojas muertas

De *New Port* (2015)

LA TABA TÓXICA
[HOMENAJE A ANTONIN ARTAUD & WILLIAM BURROUGHS]

1

DESPERTÉ a la Enfermedad soy un adicto terminal a la pasta básica de
cocaína soy prácticamente un cadáver un animal salvaje de las noches que
actualmente lanza sus diatribas solitarias contra un mundo que se deshace
suavemente como el humo del pastel en las madrugadas augustas no
volveré a hacerlo digo como lennon en cold turkey I am gonna be a good
boy mi cuerpo es una vergüenza desolada ya no me da la cabeza ya no
puedo escribir un poema

Es inútil tratar de autoengañarme estas tardes inconclusas me baño en
lágrimas sonoras como las de eielson contemplo formas locazas en el cielo
de mi absurda materia congelada soy un criadero de nervios pero no en la
cárcel de Trujillo sino en un patuleco del rico new port he profanado todos
los santos altares mi sucia ropa calcinada en noches descompuestas por el
frío de la soledad me dejo caer en mi colchón del piso

No hay perfección sino putrefacción retrocede la canción de los vientos
rosados mi masa encefálica queda chorreada en el pavimento azul de la
poesía nocturna llena de cabros inquietantes que cachan en las bermas por
una tola embadurnada de placer halaga la frescura de las hojas transparentes
en los parques del avión por el ajeno tránsito que dictamina el olvido
me tienes una arruga dijo el burro tany y le vació el estómago de un solo
chavetazo

3

CANTIDAD de pay en la cama de sole con cadete y los patas echados cual
romanos en el brain obnubilado la neurosis perseguida pero las sienes ya
no sienten nada son solo ricuras del despropósito anhelado deducciones
inminentes de una intervención que nos llevaría de frente a canadá he allí
la hipotenusa de los excitados miembros juveniles de la banda más abyecta
extrañeza procesada en la ilusión consciente del espacio translucido

La noche de los tiempos finales caracolean los caballos envueltos por el rifle
de los disparos del sargento preston milico pastelero compacto ausculta
siempre mordiendo desde la esquina entreveros de callejas imposibles
deshechos técnicos de las formas entusiastas resuena el lucero del alba qué tal
celaje indescriptible creo que por eso nomás yo fui adicto precioso decorado
de un amanecer intrascendente camote y chicharrón

Sobrevivencia malsana cuál es tu gracia bordes concéntricos barrocos llenos
de barro ensimismado estamos adiestrados en paita y maderas el sabor se me
cuela por los poros melcocha barca barca barca barca burbujas transportadas
canciones escuchadas al final de la avenida no hay deseo posible en la
placenta del envión sino oratorios sagrados que se cuecen convictos
envenenados piedad contenida en el cráneo tumbas de santana

5
HE PERDIDO el equilibrio ya no me salen los versos más hermosos
sino las oscuras algodonas llenas de sangre en el retrueco churriguerezco
de los difuminados pastos atardeceres convertidos en esquinas fumonas
trastabillando la desmembración de los conductos indios impolutos igual
a raíces escuchadas en la sensorial perdición en la que ya no se domina el
ritmo al caminar eres ecuánime dentro del gravísimo estado terminal eres la
habilidad para morir joven

Puedes latear con los negros negrazos decía montaña pero no le entraba a
la danza macabra parar los oídos anegados por la pureza más impura de la
pelona triste toda tu mente colgada en los alambres donde kola inglesa dejó
sus shorts apretaditos labios que ya no profieren palabra alguna cerebelo seco
se extendía la visión no se cansaba jamás no podía diseñar un poema solo
aldabas inquietas tocaban a rebato y las perillas de las puertas detonaban

Años de años metido en esa vaina tan sensible como el sueño del uso de las
lenguas brotes inmaculados transpasando los techos repletos de antenas y
cachivaches derrotas avisadas eficaces síntomas de las perdices inencontradas
un dubby para el dubby y me agarraba la canción asesina con su guitarra
64 volvíamos a la célula se creían lo máximo no sabes lo lameculos que
eran mandaba el instinto botellas con orín anisado de los ángeles estrellas
condensadas como la leche nestlé

ASGARD

1

Había una fuente feliz en la plazuela
Briznas que en la brisa bailaban
Aromática asmática perseguía
La sin razón angustiada de la noche

Ejidos tejidos a la vera del río
Pastoral de pastoras de cabras
Abra andina ya baja desde Aypate
Un canto celeste de chilalos

Resplandece oscura la neblina
Avanza turbia tarántula en la vía
Vive la vasija de chicha loca
La espesura a los costados llora

2

Había un níspero oloroso el color
Plomo de Canchaque pinceladas
De intimidad en el aire & veo
La alacena de mi madre cómo

Me gustaba su sonido que se
Abran las mamparas hasta la
Frontera nos vamos con Porfirio
Los ganados de Poclús maraña

De imágenes sobrevenidas las monturas
Del caballo gringo de mi hermano
Su galope hasta el invernadero
Embadurnada miel de los recuerdos

3

Salen las losetas del piso
De la sala brotan las memorias
Extinguidas que aquí renacen
La chiroca canta todavía

Es un amarillo tan bonito su
Plumaje ronda al mediodía
& es guardada al fino atardecer
Reclina bajo un manto dicha luz